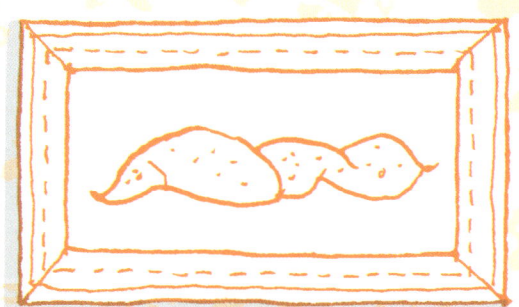

위대한 똥 공장

나자 벨하지 글 | 필리프 드 케메테르 그림 | 이세진 옮김

라임

이 책을 읽는 여러분은 호기심이 풍부한 어린이입니다!

코끼리, 개미, 인간, 개구리, 갈매기의 공통점은 무엇일까요? 땅에서 살든 물에서 살든 하늘에서 살든 모두 똥을 눈다는 거예요! 똥을 누는 건 모든 동물에게 꼭 필요한 일이에요. 자, 이제부터 똥을 자세히 관찰해 볼까요? 아주 많은 것을 배울 수 있을 거예요. 정말로요!

동물들의 다양한 똥 전시회

웜뱃의 똥. 주사위 모양이죠.

향유고래의 똥. 바다의 신 '넵튠'의 보물이라고도 불려요.

여우의 똥. 아주 길어요.

멧돼지의 똥. 소시지처럼 생겼네요.

염소의 똥. 동글동글 귀여워요.

사향고양이의 똥. 밧줄 모양이에요.

으, 코딱지를 먹는다고요?

우리 몸은 음식물을 통해 필요한 영양분을 얻은 다음, 쓰고 남은 찌꺼기를 몸 밖으로 내보내요. 이것을 '노폐물'이라고 하는데요. 똥과 오줌, 땀, 눈곱, 코딱지 같은 것들을 말해요.
아, 참! 코딱지를 파서 동글동글 뭉치는 걸 좋아하는 사람이 있죠? 이참에 코딱지가 어떻게 만들어지는지 알아볼까요?

코는 냄새를 맡고, 공기 속에 떠다니는 이물질을 거르고, 들이마신 공기를 따뜻하게 데워 주어요. 그래서일까요? 코털은 늘 콧물로 뒤덮여 있지요. 사실 콧물과 코털은 손발이 착착 맞는 환상의 짝꿍이랍니다. 코털이 걸러 준 오염 물질을 끈적한 콧물이 꽉 잡아 주거든요. 그 덕분에 오염 물질이 폐까지 들어갈까 봐 걱정할 일이 없는 거죠!

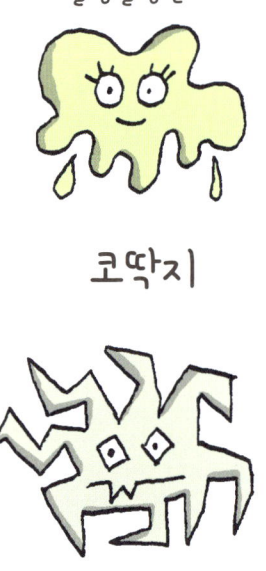

콧구멍에서 코털이 걸러 낸 온갖 잡다한 물질들이 한데 뭉쳐진 것이 바로 코딱지예요. 처음에는 작고 끈적한 덩어리지만, 이런저런 물질이 쌓이고 쌓여 커다란 코딱지가 되지요!

코는 20분마다 콧물을 만들어 냅니다.

어른을 기준으로 했을 때, 하루에 1만 리터의 공기를 들이마신다고 해요. 거기서 코딱지가 만들어진답니다.

혹시 코 파기 집착증을 아시나요? 강박적으로 코를 후비는 버릇을 뜻해요.

70명 중 한 명은 자기 코딱지를 먹어요.

전체 인구의 90퍼센트가 코에 손을 넣어 코딱지를 떼어 내어요.

원숭이도 자기 코딱지를 먹어요!

코딱지 100그램은 2칼로리랍니다.

우리는 하루에 평균 1~2리터의 콧물을 들이마셔요.

삐뽀삐뽀, 눈곱 주의보!

아침에 일어나면 눈가에 희끄무레하게 말라붙어 있는 게 있죠? 그게 바로 '눈곱'이에요. 눈곱은 어떻게 만들어지는 걸까요?

낮에는 눈물과 눈꺼풀이 환상의 짝을 이룬 채 눈을 보호해 주어요.

눈물은 눈꺼풀 아래쪽에 있는 눈물샘에서 흘러나와요. 물과 기름기로 이루어져 있죠.

눈물에는 세균과 박테리아를 없애는 소독 성분이 들어 있답니다.

눈꺼풀을 깜박거리면 눈물로 눈 속을 청소해요. 즉 눈에 있는 이물질과 오염 물질을 밖으로 밀어내는 거죠.

밤에는 눈꺼풀이 닫혀 있기 때문에 눈물샘에서 수분이 적게 나오고, 기름 성분의 끈적끈적한 점액이 더 많이 나와요.

이 점액도 우리 눈을 세균이나 박테리아로부터 보호해 준답니다!

여러분이 자는 동안 이 점액이 말라붙어요. 아침에 일어나면 눈가에 무언가가 끼어 있죠? 그게 바로 눈곱이랍니다!

우리의 몸은 아주 튼튼하답니다!

잠깐! 눈곱이 지나치게 많이 끼거나 누런색 혹은 초록색을 띤다면 얼른 병원에 가 봐야 해요. 눈이 박테리아나 바이러스에 감염되어서 나타나는 증상일 수도 있거든요!
이쯤에서 진짜 '똥' 이야기로 돌아가 볼까요?

몸 밖으로 내보내는 찌꺼기, 똥

똥이 무엇인지 알고 있나요? 평소에 우리는 '똥'이라는 말을 자주 내뱉지만, 막상 똥에 대해 이야기하려고 하면······, 뭔가 거북해지고 어색해지죠! '똥'은 우리가 먹은 음식에서 영양분이 빠지고 남은 찌꺼기예요. 그런데 우리 몸은 왜 이 찌꺼기를 밖으로 내보낼까요? 휴, 말하자면 길어요!

몸은 늘 자기가 해야 할 일을 열심히 해요! 그러고는 필요한 것들(영양소, 당, 철분, 지방 등)을 골라 몸속에 저장하지요.

몸이 사용하지 않는 것은 전부 밖으로 내보내요. 똥은 우리 몸이 만드는 노폐물 중에서 가장 많은 양을 차지해요. 코딱지나 눈곱은 비교할 것도 아니죠.

사실은요, 똥이라고 해서 다 똑같지는 않답니다. 물론 모두가 똥을 누지만요! 인간, 포유류, 조류, 어류, 곤충류 모두 다 똥을 누어요!

똥에는 굉장한 능력이 있답니다. 그 굉장한 능력이 어떤 건지 알고 싶다고요?
그럼 집게로 코를 막은 다음, 돋보기를 들고 따라오세요!

다음 장에서 똥 공장을 견학해 봅시다!

우리 몸은 (똥을 만드는) 공장이에요!

사랑하는 어린이 여러분, 우리 몸은 거대한 공장이랍니다. 쉴 새 없이 돌아가는 공장이죠. 여러분이 먹고 마시는 모든 것은 여러분이 성장하고, 또 살아가는 데 쓰여요. 그러고 남은 찌꺼기는 전부 쓰레기통에 버리지요.

엄마의 자궁 안에서도 똥을 눠요

사람은 누구나 엄마의 배 속에서부터 똥을 만들어요. 태아의 장에 찌꺼기가 쌓이고 쌓여 시커멓고 끈적끈적한 물질이 되는데요. 이것을 '태변'이라고 해요. 태변은 아기가 맨 처음 배출하는 배설물이에요.

아기 때는 똥이 무르고 샛노란 색을 띠어요

세상에 나온 아기는 엄마의 첫 젖인 초유를 먹고 삽니다. 이 시기에 아기의 똥은 아주 무르고 독특한 노란색을 띠어요. 그러다 아기가 분유를 먹기 시작하면 똥이 좀 더 끈적해지면서 초록색에 가까워지지요.

음식의 종류에 따라 똥도 색깔이 변해요

아기가 먹을 수 있는 음식의 종류가 늘어나면서 똥의 질감과 색깔도 변한답니다. 당근으로 만든 이유식을 먹었다고요? 그러면 기저귀에 당근색 똥을 쌀 거예요!

차츰차츰 어른 똥과 비슷해져요

아기가 육류와 생선을 먹기 시작하면서부터는 똥의 질감과 색깔, 냄새가 완전히 변하게 됩니다. 무엇보다 똥이 굵어지고 색깔도 진해지면서 어른 똥과 비슷한 냄새를 풍기게 되지요!

노란색이나 주황색 : 당근, 망고, 파프리카 같은 채소나 과일을 먹고 나면 이런 색이 나오지요.

연노란색 : 조심하세요! 지방이 미처 다 소화되지 않았는지도 몰라요!

연회색이나 희끄무레한 색 : 이런, 몸이 안 좋군요. 장내 세균을 없애기 위해 항생제를 먹으면 이런 색이 나올 수 있어요.

검은색 : 철분이 많은 음식을 먹으면 검은색 똥이 나와요.

우리 몸은 (방귀를 만드는) 공장이에요!

몸이라는 훌륭한 공장을 돌아가게 하려면 잘 먹어야 해요. 암요, 그렇고말고요! 그런데 일단 음식이 입속으로 들어가면 출구로 빠져나가기까지 멀고도 먼 길을 거쳐야 한답니다. 자, 이번에는 음식이 소화되는 과정을 잠깐 살펴볼까요?

1 밥을 먹어요! (치아)

치아는 여러분이 먹은 당근과 치즈, 과일 등을 자르고 빻아서 아주 작은 조각으로 만들어요. 이게 다 소화를 준비하는 과정이랍니다.

2 소화를 시작해요! (침)

입의 안쪽에 있는 침샘에서 투명하고 끈적한 액체인 침이 분비되면서 본격적인 소화가 시작됩니다. 잘게 다져진 음식물은 침과 섞이면서 한 덩어리가 되어요. 그다음에는 식도로 넘어가지요.

3 남은 알갱이를 녹여요! (위)

식도는 목 안과 위를 이어 주는 기관이에요. 식도를 지난 음식물 덩어리는 위로 향합니다. 위 안쪽에 있는 위샘에서는 위액을 분비해 남아 있던 음식물 알갱이를 완전히 녹여요. 아, 위액은 산성으로 된 끈적한 액체예요.

4 꾸불꾸불 길을 지나가요! (소장)

위를 통과한 음식물 덩어리는 끈적끈적한 상태가 되어 소장을 지나가게 됩니다.

5 몸에 좋은 것만 가려내요! (소장)

소장을 펼쳐 보면 길이가 4.5~7미터나 돼요. 이 기관은 소화에서 아주 중요한 역할을 한답니다! 우리 몸에 좋은 것만 추려 낸 뒤, 나머지 음식물은 대장으로 보내는 일을 하지요.

6 배출이 코앞으로 다가왔어요! (대장)

대장은 주로 소화되지 않은 나머지 음식물에서 수분을 흡수하는 일을 해요. 수분이 빠진 찌꺼기는 점점 굳어져 똥이 된답니다. 이 기나긴 과정이 끝나면 직장과 괄약근이 똥을 몸 밖으로 내보내요. 자, 드디어……, 뿌지직! 똥을 누었습니다!

그래서 똥이 뭔데요?

우리는 똥에서 무엇을 발견할 수 있을까요?
돋보기를 들고 짧은 여행을 떠나 봅시다!

똥은요,
75퍼센트의 물과 25퍼센트의 소화되지 않은 음식물 찌꺼기로 이루어져 있습니다. (혹시 똥에서 옥수수 껍질을 본 적이 있나요?) 그리고 우리의 장에 사는 수십억 마리의 박테리아도 들어 있어요.

생김새

일반적으로 우리는 하루에 300그램 정도의 똥을 눕니다. 생각보다 적은 양이지요?
가끔씩 똥이 잘 안 나와서 고생할 때가 있죠? 하지만 물처럼 묽은 설사가 쏟아져 나올 때가 더 힘들어요. 설사는 왜 생기는 걸까요? 원인은 여러 가지가 있답니다. 상한 음식을 먹었기 때문일 수도 있고, 몸에 맞지 않는 음식을 먹어서일 수도 있어요. 음식에 아무런 문제가 없다면 마음이 몹시 불안할 때도 그럴 수 있지요.

※ 꼭 기억해야 할 위생 수칙
- 외출하고 돌아오면 반드시 손을 씻어요.
- 화장실에서 볼일을 본 후에도 항상 손을 씻어요.
- 밥 먹기 전에도(그래요, 이때도!) 손을 씻어요!

손을 씻어서 손해 볼 일은 하나도 없답니다!

냄새

으악! 이 냄새는 뭐죠? 우리가 먹은 음식보다 우리 장에 사는 박테리아가 무엇인지에 따라 똥에서 나는 냄새가 크게 달라집니다. 이 박테리아들은 결장(대장의 한 부분)에서 분해되는 동안 고약한 냄새가 나는 물질을 만들어요. 아무리 그렇다고 하더라도 똥에서 나쁜 냄새가 지나치게 많이 난다면, 그건 결코 좋은 조짐이 아니랍니다!

색깔

똥의 색깔은 건강 상태를 알 수 있는 좋은 지표가 됩니다.
여러분의 똥을 한번 관찰해 보세요!

갈색 똥

아무런 이상 없음.

일반적인 똥의 색깔이에요. 간에서 만들어지는 소화액인 '빌리루빈'이라는 물질 때문에 갈색을 띠게 되는 거랍니다. (장에서 죽은 세포가 분해되면서 똥이 노란색을 띠기도 합니다.)

녹색 똥

반드시 문제가 있는 건 아님.

갓난아기들이 누는 녹색 똥은 분유의 흡수와 관련이 있어요. 분유를 먹지 않았는데도 녹색 똥을 눈다면 아기를 얼른 병원에 데려가야 해요.
아기도 아닌데 녹색 똥을 눴다면? 초록색 채소를 많이 먹어서 그런 걸 거예요!

연노란색 똥

위험해요! 조심하세요!

빨리 병원에 가 보세요. 췌장(위 뒤쪽에 있는 기다란 장기)에 문제가 있거나, 보리·밀 등의 곡류에 있는 글루텐(단백질의 한 가지)을 소화하지 못하는 경우일 수 있어요.

세계의 화장실로 여행을 떠나요!

사람도 동물도 볼일을 보는 방법이나 자세가 매우 다양하답니다. 화장실, 변소, 뒷간 등등. 이름도 참 가지가지지요? 뭐라고 부르든 간에 사람이라면 누구나 이용하는 공간이에요. 이참에, 세계의 화장실을 잠깐 들여다볼까요?

중세 유럽에는 나무나 돌로 만든 '라트린'이라는 화장실이 있었어요. 앉은 자세로 볼일을 본다는 점은 지금과 다를 바 없지요. 하지만 어떤 라트린은 성의 외벽에, 심지어 발코니처럼 공중에 툭 튀어나와 있었답니다.

아프리카나 아시아 쪽에서는 땅에 구덩이를 판 화장실이 널리 쓰였어요. 쪼그리고 앉아서 변을 누는 자세는 지금도 여러 문화권에 남아 있지요.

동남아시아에서는 우리가 흔히 보는 좌변기를 사용해요. 하지만 볼일을 보고 난 후에 휴지 대신 물을 쓴답니다. 물로 손을 닦는 게 아니라 뒤를 닦지요!

아, 일본은 매우 편안한 화장실을 갖추고 있는 나라입니다. 비데가 발달해서 엉덩이가 닿는 부분은 따뜻하고, 뒤를 세척해 주는 물줄기의 방향이나 온도를 자유롭게 조절할 수 있거든요. 마지막에는 물기를 말려 주는 바람까지 나오지요.

스웨덴의 화장실은 여성용과 남성용으로 구분되어 있지 않아요. 일인용 화장실로 모두가 똑같이 생긴 화장실을 이용하지요. 남녀평등 만세!

누구나 배출을 하지만, 모든 인간이 쾌적한 화장실을 누리는 것은 아닙니다. 아직도 지구에 사는 25억 명은 땅에 구덩이를 파고 볼일을 보고 있어요.

그래 봤자 사람이 똥을 누는 방식은 거기서 거기랍니다.

17

동물들은 어떻게 볼일을 보나요?

동물마다 볼일 보는 방법이 참 다르답니다!
자, 다 같이 살짝 살펴볼까요?

고슴도치는 먼 길을 돌아다니다가 마음 가는 곳에서 볼일을 봐요. 잔디밭, 과수원, 오솔길, 숲……, 장소를 가리지 않죠!

여우에게 가장 이상적인 화장실은 모든 것을 내려다 볼 수 있는 높은 곳입니다. 왜냐고요? 여우는 똥으로 영역 표시를 하거든요! 그루터기 위, 나뭇가지나 풀 더미 위, 어디든 상관없어요. 여우는 눈에 띄는 높은 곳이라면 어디든 보란 듯이 똥을 눈답니다.

오소리는 자기 굴에서 멀리 떨어진 곳에다가 공을 들여 깊게 구덩이를 파요. 이 '화장실'을 여러 번 쓰고 나면 다른 곳에다가 새 구덩이를 파지요.

나무늘보에게 똥 누기는 아주 위험한 임무나 다름없답니다! 이 중대한 일을 처리하기 위해 일주일에 딱 한 번만 나무에서 내려가거든요. 몸무게의 무려 3분의 1을 덜어 내고 오는 일인데……, 아주 중대하고말고요!

언젠가 하늘에서 떨어지는 새똥을 머리에 맞은 적이 있나요? 새들이 머리를 매우 잘 쓴 거예요! 가벼운 몸으로 가뿐하게 비행을 하려면 똥의 무게를 덜어 내는 게 좋지 않겠어요?

밑에 있는 사람들에겐 미안!

비버의 똥이 어떻게 생겼는지 보고 싶다고요? 사막에서 바늘을 찾는 편이 더 쉬울걸요? 비버는 물속에다 볼일을 보거든요!

신기하고 놀라운 동물들의 똥을 만나요!

끈끈한 액체 같은 똥, 알갱이가 있는 똥, 시커먼 똥, 냄새가 고약한 똥…….
동물 친구들의 똥은 서로 달라도 너~무 달라요.

집파리는 말 그대로 집에 들어와 아무 데서나 똥을 싸요. 액체를 먹고 살기 때문에 앉는 곳마다 빠르게 똥을 싸고 날아가지요! 그러다 보니 집 안 여기저기에 아주 작고 검은 점 같은 것이 남아요.

큰곰은 잡식성 동물이지만, 특히 식물성 먹이를 좋아해요. 과일과 풀 종류는 물론 도토리나 밤도 얼마나 잘 먹는데요. 그러니 큰곰의 질편한 주황색 똥에서 미처 소화되지 않은 열매의 크고 작은 씨가 보이는 건 당연하지요!

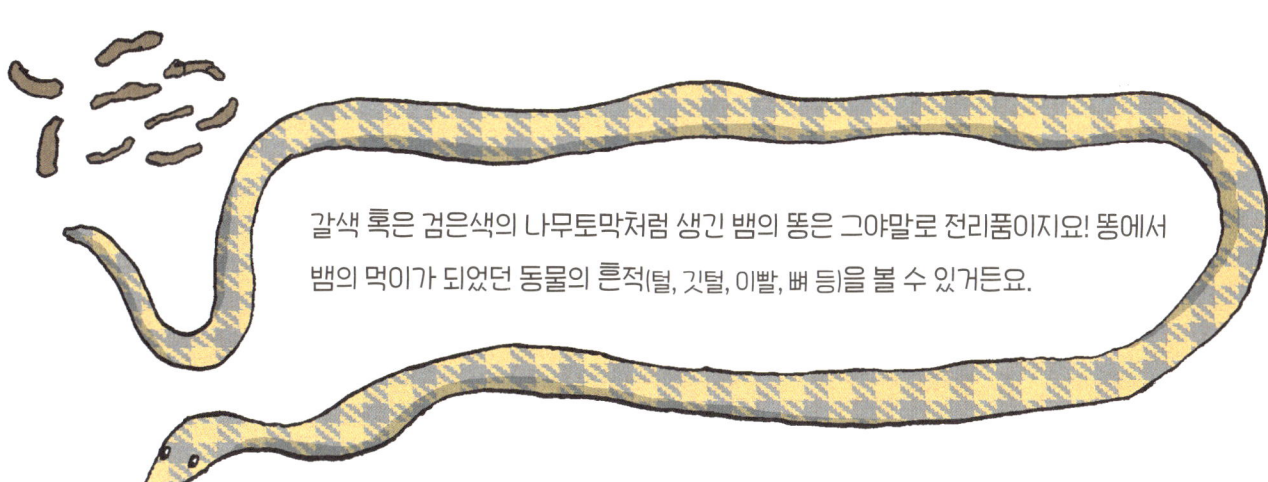

갈색 혹은 검은색의 나무토막처럼 생긴 뱀의 똥은 그야말로 전리품이지요! 똥에서 뱀의 먹이가 되었던 동물의 흔적(털, 깃털, 이빨, 뼈 등)을 볼 수 있거든요.

달팽이의 배설물은 먹이의 색깔과 비슷하다는 사실이 밝혀졌어요. 초록색 풀을 먹으면 초록 똥을 누고, 흰 종이를 먹으면 흰 똥을 눈다는 거지요. 신기하지 않나요? 여러 마리의 달팽이가 각기 다른 색깔의 종이를 먹는다면? 하하, 무지개 색 똥을 볼 수 있겠네요!

수달의 배설물은 특별해요. 검은색이나 초록색을 띠는데요. 이 끈적끈적한 똥은 아마씨 기름, 꿀, 건어물이 섞인 것 같은 독특한 냄새가 나요. 수달의 똥에서 물이나 땅에 사는 작은 동물의 잔해(비늘이나 잔뼈)를 발견하는 일은 아주 흔하답니다.

쓸모 있는 똥도 있다고요?

알고 보면 똥은 정말 쓸모가 많습니다. 똥 덕분에 수많은 생물체가 영양을 섭취하고, 새끼에게서 젖을 떼고, 알을 낳고, 몸을 숨기고, 영역 표시를 하고, 자기방어를 할 수 있거든요.

순록은 흑기러기 똥을 먹어요

노르웨이 북쪽의 스발바르 제도에 사는 스발바르 순록은 흑기러기의 똥을 아주 좋아합니다. 흑기러기의 똥에는 스발바르 순록이 좋아하는 영양 성분과 채소나 과일 등에 많이 들어 있는 섬유질이 풍부하거든요.

토끼는 자기 똥을 먹어요

어떤 동물은 자기 똥을 먹어요. 가령, 토끼는 생존에 필요한 비타민과 단백질을 섭취하기 위해 자기가 싼 죽죽하고 물렁한 똥을 먹는답니다. 토끼와 같은 일부 초식 동물이 먹는 변을 '식변'이라고 해요.

새끼 코끼리는 엄마 똥을 먹어요

새끼 코끼리는 젖을 뗄 때 엄마 코끼리의 똥을 먹어요. 그러면 코끼리가 가장 좋아하는 먹이인 풀을 훨씬 더 쉽게 소화할 수 있기 때문이죠.

보금자리를 만들어요

어떤 곤충, 그러니까 파리나 모기, 등에 등에게 다른 동물의 똥은 알을 낳거나 알을 숨기기에 알맞은 장소가 됩니다.

밖에서 보는 모습 　　　　　안에서 보는 모습

알을 키워요

똥파리가 똥의 주위를 빙글빙글 날아다니는 모습을 본 적이 있죠? 똥파리는 똥에다가 알을 낳습니다. 똥파리의 알과 유충은 똥을 아늑한 집으로 삼고, 똥에 있던 다른 종의 구더기로 배를 불린답니다! 냠냠!

영역을 표시해요

사자는 무리를 이루고 사는 사회적 동물이에요. 똥으로 영역을 표시하고 자기 무리를 보호한답니다. 똥 냄새가 보이지 않는 경계처럼 작용해서 다른 수컷 사자들의 접근을 막는 거죠. "내 영역이니까 나가!" 하고요.

위험 구역이 아닌지 살펴요

가시검은딱새와 같은 몇몇 철새들은 새끼와 안전하게 지낼 곳을 찾을 때 포식자의 똥을 봅니다. 똥의 냄새를 맡거나 모양을 보고 포식자가 살고 있는 위험 구역인지를 알아보는 것이지요!

위장하기

곤충의 똥처럼 위장해요

은빛 등을 가진 장은먼지거미가 희고 가는 거미줄에 가만히 매달려 있으면 그 모습이 꼭 곤충의 똥처럼 보인답니다. 자기를 잡아먹는 말벌의 눈을 속이기 위해 교묘한 수법을 쓰는 것이지요.

새똥처럼 위장해요

로위제비나비의 애벌레는 적을 피하기 위해 새똥으로 위장을 합니다. 흰 반점이 있는 올리브색의 끈적한 몸뚱이 덕분에 완벽하게 위장할 수 있지요!

세상에, 네모난 똥이 있다고요?

네모난 똥이 실제로 있냐고요? 물론 동물계에서 그런 똥은 아주 드물답니다! 그럼 대체 어떤 동물이 네모난 똥을 싸냐고요? 그 주인공은 바로 캥거루의 친척뻘 되는 오스트레일리아의 사랑스러운 유대류, 웜뱃이랍니다!

오스트레일리아

웜뱃은 멸종 위기 동물이에요.

웜뱃은 소화가 느려요

웜뱃은 주로 풀, 이끼, 식물의 뿌리를 먹어요. 먹이를 먹는 데는 3시간에서 8시간이 걸리고, 소화가 다 되기까지는 무려 2주가 걸리죠. 이렇게 신진대사가 극도로 느린 데는 다 이유가 있답니다. 척박한 환경에서도 다음 먹이를 먹을 때까지 거뜬히 살아남아야 하기 때문이에요.

하루에 똥을 100덩어리나 눈다고요?

웜뱃은 네모난 똥을(하루에 100덩어리나!) 눌 수 있는 유일한 동물입니다. 하지만 어떻게 그럴 수 있을까요? 자, 드디어 수수께끼가 풀렸습니다. 모든 것은 웜뱃의 장과 관련이 있었어요!

액체에서 고체로 바뀌어요

웜뱃의 장을 펼치면 10미터쯤 되어요. 여기서 소화가 몇 단계에 걸쳐 이루어집니다. 특히 장의 마지막 부분에서 액체 상태의 똥이 고체로 바뀌는데요. 이 부분의 장이 두껍고 뻣뻣해서 특별한 모양의 똥이 만들어지는 거랍니다.

차곡차곡 벽돌을 쌓아요

웜뱃의 똥은 영역을 표시할 때 매우 유용합니다. 동그란 똥과 달리 네모난 똥은 마치 벽돌처럼 높이 쌓아도 위에 놓은 똥이 굴러떨어진다거나 전체가 와르르 무너질 일이 없으니까요. 똥을 높게 쌓으면 그만큼 경계를 확실하게 표시할 수 있겠지요!

하지만 이 포동포동하니 귀여운 얼굴의 포유류는 현재 멸종 위기에 처해 있습니다. 들개, 여우, 태즈메이니아데빌 같은 포식자도 그렇지만, 인간의 무분별한 밀렵이나 동물의 서식지를 파괴하는 행위가 더 큰 문제랍니다.

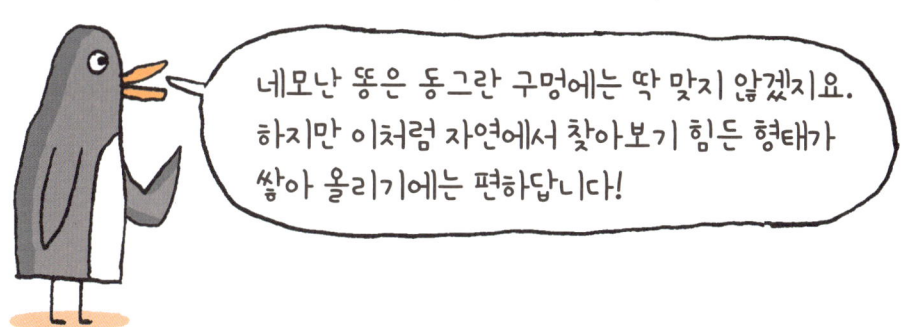

똥을 약으로 썼다고요?

이집트 의사들은 환자들을 치료하는 자기들만의 노하우가 있었어요. 그들은 동물의 똥을 이용해 약을 만들거나 치료법을 고안했지요. 그중에서 가장 유명한 건 훈증 요법입니다. 환자에게 똥을 태운 연기를 쐬게 하는 거지요. 하지만 훗날 똥을 이용한 치료법들은 모두 엉터리인 것으로 밝혀졌답니다.

지금은 엉터리라는 걸 알지만, 우리에게는 고대부터 중세까지 배설물을 이용해서 치료제를 만든 역사가 있습니다. 날것 그대로, 혹은 뜨겁게 가열하거나 불에 태워서 찜질약, 연고, 진액 따위를 만들었지요.

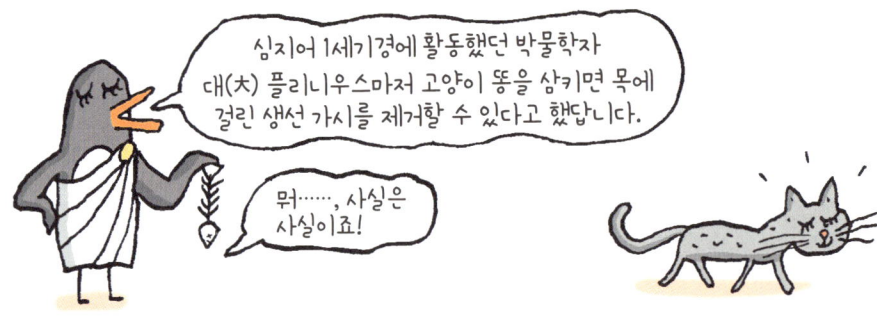

똥을 재료로 하는 약에 대한 중세의 논문

1. 손톱이나 발톱에 염증이 생겼을 때 사람 똥에 담근 천을 올려놓으면 통증이 가신다.

2. 피가 많이 난 상처에 나귀나 염소의 똥을 바르면 얼굴에 미소가 돌아올 것이다.

3. 설사에 황소나 암소의 똥보다 좋은 약은 없다.

4. 깨끗한 천에 싼 신선한 돼지 똥보다 코피에 잘 듣는 약은 없다.

※ 절대 따라 하지 마세요.

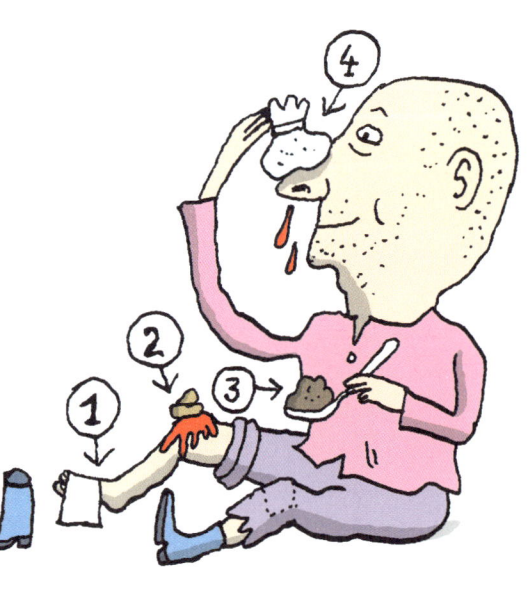

1997년에 영국 브리스틀 대학교의 켄 히턴 의사는 '브리스틀 대변 척도'라고 하는 놀라운 분류표를 만들었어요. 이 분류표는 인간의 똥을 굳기와 형태에 따라 일곱 유형으로 나누고 있지요. 이 표를 보면 건강 상태를 진단하거나 질병을 예방할 수 있답니다.

브리스틀 대변 척도

유형 1	유형 2	유형 3	유형 4	유형 5	유형 6	유형 7
토끼 똥같이 생긴 작고 딱딱한 덩어리. 용변을 볼 때 힘이 든다.	소시지 모양의 단단하고 울퉁불퉁한 똥.	소시지 모양의 표면이 갈라져 있는 똥. 용변을 볼 때 힘이 들지 않는다.	적당한 굵기에 매끈하고 촉촉한 똥.	물렁하고 뚝뚝 떨어져 나오는 똥. 용변을 볼 때 전혀 힘이 들지 않는다.	진흙 같은 똥.	완전한 액체 상태의 똥.
심한 변비	가벼운 변비	정상	정상	식이 섬유 부족	가벼운 설사	심한 설사

"어떻게 지내세요?"

이 물음에 대한 자연스러운 대답은 "잘 지내요. 당신은요?"가 되겠지요.

하지만 18세기 프랑스에서 이 표현은 '화장실에서 변을 어떻게 보십니까?'라는 의미로 쓰였답니다. 화장실에서의 일을 묻는 인사말이라니, 정말 희한하지요!

환경을 보호하는 똥도 있어요!

인간의 삶을 개선하거나 환경을 보호하는 일에도 똥은 매우 유용합니다! 그럼요, 그렇고말고요!

똥을 비료로 쓴다는 것은 알고 있지요? 똥으로 만든 비료는 식물의 성장에 도움을 주고 품질이 좋은 수확물을 얻게 해 줍니다. 그렇기 때문에 농부들은 으레 가축의 똥을 모으고 묵혀서 논밭에 뿌리곤 하지요!

세계에서 가장 비싼 커피는 인도네시아나 필리핀 등에 사는 '루왁'이라고 하는 사향고양이의 똥으로 만들어집니다. 무슨 이야기이냐고요? 사향고양이는 커피나무의 열매만 먹고 사는데, 그 열매가 똥으로 다시 나오거든요. 똥에 있는 열매로 커피를 만들면 소화액이 섞여 쓴맛이 사라지고 독특한 향기를 풍기게 되지요. 이게 바로 '코피 루왁'이에요. 신기하지요?

한 가지 더! '나이팅게일'이라는 새의 똥에 쌀겨 등을 섞어 바르면 피부가 매끄러워진다는 잘못된 이야기가 돈 적도 있어요.

어떤 똥은 숲의 나무를 구하기도 합니다. 코끼리 똥이 바로 그런 경우예요.

숲에서 코끼리 똥은 아주 소중합니다.

코끼리는 풀을 먹지만 그 속의 셀룰로오스는 소화하지 못해요.

그래서 사람들은 코끼리 똥을 모아서 제지용 펄프의 재료로 쓴답니다.

나무를 한 그루도 베지 않고 종이를 만들 수 있으니 얼마나 좋은가요?

다 자란 코끼리는 매일 250킬로그램의 풀을 먹고 140킬로그램의 똥을 누지요. 이 똥으로 약 115장의 종이를 만들 수 있답니다!

아, 하마도 있군요! 하마의 똥이 지구에서 얼마나 중요한 역할을 하는지 아나요?

하마는 신선한 풀을 먹고 삽니다.

식사를 하고 난 뒤에는 강물 속에 풀이 섞인 똥을 누지요.

이 똥은 물속에 사는 미생물인 규조류의 먹이가 되어 줍니다.

규조류는 다량의 이산화탄소를 흡수해 산소로 바꾸어 주어요.

규조류를 먹고 사는 홍합이나 게는 다시 더 큰 해양 동물의 먹이가 되지요.

하마는 현재 멸종 위기에 처해 있습니다. 하마의 똥이 없다면 수중 생태계가 파괴될지도 몰라요.

똥에 대한 특급 정보!

먹는 게 없으면……, 똥도 없어요!

어떤 동물은 먹지 않기 때문에 똥을 누지 않아요. 하루살이나 몇몇 나방들은 성체(다 자라서 생식 능력이 있는 몸)가 되고 나서 몇 시간 만에 죽지요. 이 곤충에게는 밥 한 끼 먹을 시간도 없답니다!

똥을 누는 데 12초?

어떤 연구자들은 이런 호기심을 품기도 했습니다. 동물들은 볼일을 보는 데 얼마만큼의 시간이 걸릴까? 믿거나 말거나지만, 연구 결과로는 판다, 개, 멧돼지는 공통적으로 똥을 누는 데 12초가 걸린다고 해요.

하이에나의 똥은 칼슘 덩어리

하이에나는 코끼리의 대퇴골을 부숴 버릴 수 있을 만큼의 강력한 턱뼈를 가진 동물이에요. 먹잇감의 뼈까지 전부 먹어 치우기 때문에 하이에나의 똥은 뼈에 있는 칼슘으로 흰색을 띱니다.

향기가 나는 똥?

수컷 향유고래의 배설물인 '용연향'은 큼지막한 조약돌처럼 생겼어요. 그리고 아주 진하고 좋은 향이 나지요. 용연향은 향수 회사들이 오랫동안 공들여 찾는 원료이기도 해요. 아주 귀하고 값비싼 똥이랍니다!

판다 똥으로 휴지를?

중국의 제지업자들은 판다의 똥을 재활용하여 만든 휴지인 '판다 똥'을 출시했습니다. 판다의 배설물에 들어 있는 대나무의 섬유질로 화장지, 미용 티슈, 냅킨까지 만들 수 있답니다.

바닷가 모래가 똥이라고?

카리브 해변의 모래가 대부분 무엇으로 이루어져 있는지 아나요? 바로 앵무고기의 똥이랍니다! 놀랍지요? 이 바닷물고기는 산호를 먹고 모래 모양의 똥을 배출해요!

똥으로 가득 찬 이구아나

파충류 전문가들은 미국 플로리다주에 있는 도시 코코아 비치에서 돌기가 있고 꼬리가 말린 작은 이구아나를 발견했습니다. 놀랍게도 이 암컷 이구아나는 똥으로 가득 차 있었어요! 몸무게의 무려 80퍼센트가 똥이었지요. 이 가엾은 도마뱀은 네 가지맛 치즈 피자를 배가 터지게 먹기라도 했나 봐요.

똥과 예술의 기똥찬 만남

예술의 왕국에서도 똥은 한 자리를 차지합니다. 어떤 작품은 충격과 도발을 위해 똥을 주제로 삼지요. 왠지 그 이유를 알 것 같지 않나요?

예술 작품에서 똥은 17세기부터 등장하기 시작했습니다. 하지만 주로 암시적으로 그려지거나 비유로 사용되었어요. 대놓고 주제로 삼기에는 적절하지 않다고 생각하는 사람이 많았지요!

플랑드르의 화가 야코프 요르단스의 <공현절의 왕>(1638년경)입니다. 흥에 겨운 손님들 가운데 엉덩이를 깐 채 엄마 무릎에 엎드려 있는 아기가 보이지요. 똥이 보이지는 않지만 엉덩이를 닦아 주는 엄마의 모습을 통해 어떤 상황인지를 짐작할 수 있어요.

20세기에는 예술 작품에서 대놓고 배설물을 보여 줌으로써 도발을 꾀했습니다. 사람들에게 크게 흥미를 끌어 아주 비싼 값으로 팔려 나갔지요.

이탈리아의 화가 피에로 만초니의 <예술가의 똥>(1961)은 그중에서도 특히 유명한 작품입니다. 90개의 통조림 캔에다가 자신의 똥을 30그램씩 담았지요. 만초니가 죽은 후에 이 작품의 가치는 급격히 치솟아, 현재 3만 500유로(약 4,000만 원)에 팔리고 있답니다.

사실주의 이후 현대 미술이 새 장을 열었어요. 사실주의보다 훨씬 추상적이고 파격적인 현대 미술은 1945년 이후에 등장해 격렬한 반응과 논쟁을 불러일으켰지요. 예술가들은 이제 똥에 코를 들이미는 것도 주저하지 않게 되었답니다!

 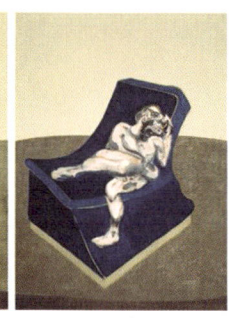 

프랜시스 베이컨은 <한 방의 세 사람>(1964)이라는 삼부작에서 벌거벗은 세 남자를 그렸습니다. 그중 한 사람은 인간의 가장 내밀한 모습, 즉 변기에 앉아 있는 모습으로 그려져 있지요.

 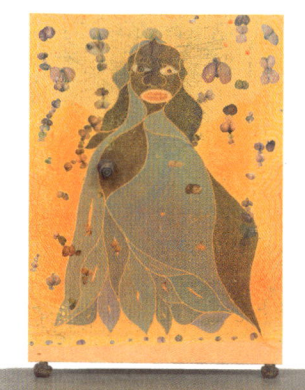

현대 미술가 크리스 오필리는 <성모 마리아>(1996)로 미술계에서 큰 화제가 되었습니다. 캔버스에 코끼리 똥을 짓이겨 성모를 그렸으니까요.

벨기에의 화가 자크 리젠도 만만치 않았습니다! 그는 1977년에 그림 전체를 똥이라는 물감으로 채웠으니까요!
그는 어떤 물감으로도 똥 고유의 색깔을 낼 수 없다고 생각했습니다. 냄새는 문제가 좀 되겠지만요!

파블로 피카소의 손녀가 밝힌 비밀이 있습니다. 이 유명한 화가도 세 살 난 아기의 똥에서 독특한 색깔과 질감을 발견했다고 해요.

나만의 똥 백과사전 만들기

'똥'은 우리가 건강하게 살아가는 데 아주 중요한 역할을 해요.
그래서 똥을 잘 관찰하면 내 건강을 지킬 수 있지요.
이번에는 나만의 '똥 백과사전'을 만들어 볼까요?

1. 내 똥을 관찰하고 그림으로 그려 봐요.

오늘 아침에 무엇을 먹었나요?

나 :

얼만큼 먹었나요?

나 :

내 똥을 그려 볼까요?

내 똥은 어떤 동물의 똥을 닮았나요? 나만의 이름을 붙여 봅시다!

나 :

2. 화장실에 가고 싶을 때 뭐라고 말하나요? 고상한 표현만 있지는 않죠!

나는? _____

3. 똥이 들어가는 재미있는 속담이나 격언으로는 무엇이 있을까요?

아끼다 똥 된다.
: 물건을 지나치게 아끼면 잃어버리거나 잘 쓸 수 있는 때를 놓친다.

개똥도 약에 쓰려면 없다.
: 평소에 흔하던 것도 막상 필요할 때는 없다.

방귀가 잦으면 똥 싸기 쉽다.
: 어떤 일의 조짐이나 소문이 자주 있으면 실제로 그렇게 되기 쉽다.

똥이 무서워서 피하나, 더러워서 피하지.
: 상대할 가치가 없다는 뜻.

개가 똥을 마다할까?
: 마음에 없는 거절을 비꼬는 표현.

똥 묻은 개가 겨 묻은 개 나무란다.
: 허물이 더 큰 사람이 다른 사람을 비난하는 모습을 흉보는 말.

아, 시원하다!

나는? _____

어떤 동물의 똥일까요?

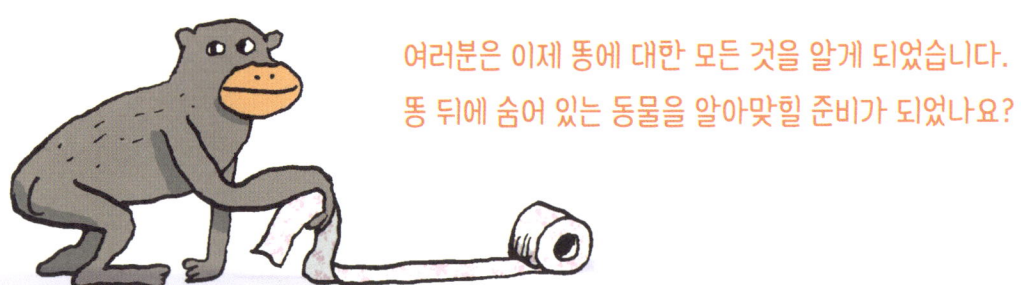

여러분은 이제 똥에 대한 모든 것을 알게 되었습니다.
똥 뒤에 숨어 있는 동물을 알아맞힐 준비가 되었나요?

이 까만 쌀알 같은 똥은 어떤 동물의 것일까요? 이 똥은 너무 푸석해서 가루처럼 부서지기 쉽다는 특징이 있답니다.

산속의 오솔길을 따라 남겨져 있는 이 둥글둥글한 똥을 본 적이 있나요? 이 똥에는 식물의 찌꺼기가 남아 있지요.

아프리카의 사바나 초원을 거닐다 보면, 아마 이 동물이 50~90센티미터쯤 되는 거대한 똥을 누는 현장을 목격할 수 있을 거예요.

풀밭이나 밀짚 더미 위에 구슬 같은 똥을 흩뜨려 놓는 동물은 어떤 동물일까요?

_____

빙하 한복판에서는 뼛조각이 잔뜩 들어 있는 똥을 볼 수 있어요. 그런데 조심하세요! 이 똥에 있는 기생충은 얼음장처럼 차가운 바다에 사는 물고기들을 죽일 수도 있을 만큼 위험하니까요. 이 똥은 과연 어떤 동물의 것일까요?

_____

이 괴상한 소용돌이 같은 건 뭐죠? 마치 흙으로 만들어진 것 같은 이 똥 무더기는 높이가 4센티미터쯤 돼요. 누가 이런 무더기를 쌓아 놓았을까요?

_____

정답: 1. 나비, 2. 윤무슨아메바, 3. 흰긴수염고래, 4. 염소, 5. 북극곰, 6. 지렁이

지은이 **나자 벨하지**

프랑스에서 어린이 책 작가이자 번역가, 편집자로 활동하고 있어요. 사람들을 웃게 만드는 말, 마음속 아픔을 치유하는 말, 삶의 진리를 일깨우는 말, 세상을 살아가는 힘을 자아내는 말, 성장하는 데 도움이 되는 말 등……. 언어의 힘에 큰 매력을 느끼고 있다고 해요. 지금은 파리에 살면서 다양한 어린이 책을 펴내고 있답니다.

그린이 **필리프 드 케메테르**

1964년에 벨기에에서 태어났으며, 대학에서 그래픽 디자인과 조각을 공부했어요. 벨기에뿐 아니라 세계 여러 나라에 그림책이 소개되어 독자들에게 큰 사랑을 받고 있답니다. '르몽드'를 비롯한 여러 일간지에서도 꾸준히 작업을 하고 있지요. 우리나라에 소개된 책으로는 《낯선 나라에서 온 아이》가 있어요.

옮긴이 **이세진**

서울에서 태어나 서강대학교 철학과를 졸업하고, 같은 학교 대학원에서 불문학 석사 학위를 받았어요. 지금은 전문 번역가로 활동하고 있답니다. 《어린이를 위한 성평등 교과서》《슬기로운 인터넷 생활》《책 읽는 고양이》《까만 펜과 비밀 쪽지》《낯선 나라에서 온 아이》《만만해 보이지만 만만하지 않은》《빵 사러 가는 길에》《용돈이 다 어디 갔지?》《헉, 나만 다른 반이라고?》《멈춰, 바이러스!》 외 많은 책을 우리말로 옮겼어요.

라임 주니★어 스쿨 019
위대한 똥 공장

첫판 1쇄 펴낸날 2023년 6월 30일 | **3쇄 펴낸날** 2024년 7월 30일 | **지은이** 나자 벨하지 | **그린이** 필리프 드 케메테르 | **옮긴이** 이세진 | **펴낸이** 박창희 | **편집** 홍다휘 백다혜 | **디자인** 배한재 김혜은 | **마케팅** 박진호 | **홍보** 김인진 | **회계** 양여진 김주연 | **인쇄** 신우인쇄 | **제본** 에이치아이문화사 | **펴낸곳** ㈜라임 | **출판등록** 2013년 8월 8일 제2013-000091호 | **제조국** 대한민국 | **주소** 경기도 파주시 심학산로 10, 우편번호 10881 | **전화** 031)955-9020,9021 | **팩스** 031)955-9022 | **이메일** lime@limebook.co.kr | **인스타그램** @lime_pub | ⓒ라임, 2023 | ISBN 979-11-92411-32-3 (74400) 979-11-85871-25-7 (세트)

잘못된 책은 구입하신 서점에서 바꾸어 드립니다.
KC 마크는 이 제품이 공통안전기준에 적합하였음을 의미합니다. 던지거나 떨어뜨려 다치지 않도록 주의하세요.
이 책 내용의 전부 또는 일부를 재사용하려면 저작권자와 (주)라임의 동의를 받아야 합니다.

LA GRANDE FABRIQUE À CROTTES
Written by Nadja Belhadj and illustrated by Philippe de Kemmeter
Copyright ⓒ 2021, Saltimbanque Éditions
Korean Translation Copyright ⓒ 2023, Lime Co., Ltd.
All rights reserved.
Arranged through Icarias Agency, Seoul.

이 책의 한국어판 저작권은 이카리아스 에이전시를 통해 Saltimbanque Éditions와 독점 계약한 ㈜라임에 있습니다.
저작권법에 의하여 한국 내에서 보호를 받는 저작물이므로 무단 전재와 복제를 금합니다.